Impressum
Verlag: BABADADA GmbH, Nedderfeld 112 , 22529 Hamburg
Geschäftsführer / Verlagsleitung: Harald Hof
Druck: Books on Demand GmbH, In de Tarpen 42, 22848 Norderstedt

Imprint
Publisher: BABADADA GmbH, Nedderfeld 112 , 22529 Hamburg, Germany
Managing Director / Publishing direction: Harald Hof
Print: Books on Demand GmbH, In de Tarpen 42, 22848 Norderstedt, Germany

skola

Szkoła

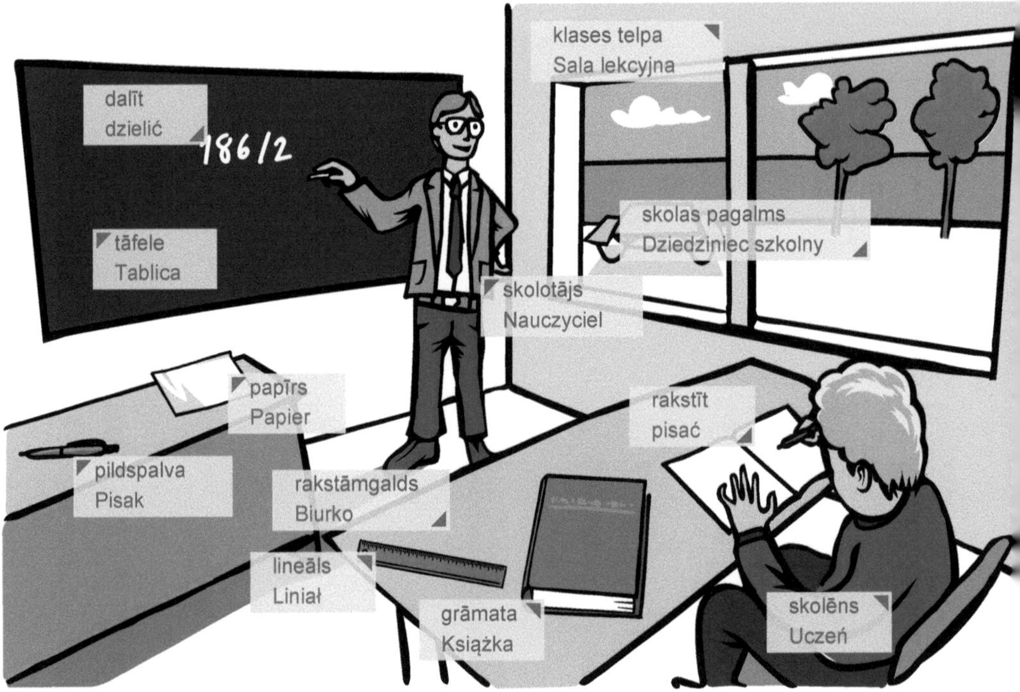
klases telpa
Sala lekcyjna
dalīt
dzielić
186/2
tāfele
Tablica
skolas pagalms
Dziedziniec szkolny
skolotājs
Nauczyciel
papīrs
Papier
rakstīt
pisać
pildspalva
Pisak
rakstāmgalds
Biurko
lineāls
Linijał
grāmata
Książka
skolēns
Uczeń

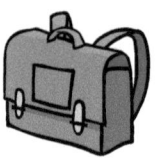

skolas soma

Plecak szkolny

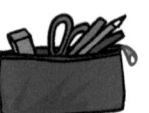

penālis

Piórnik

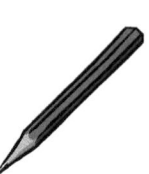

zīmulis

Ołówek

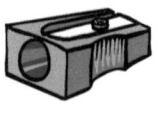

zīmuļu asināmais

Temperówka

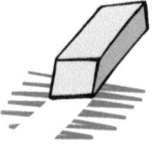

dzēšgumija

Gumka do mazania

zīmēšanas bloks

Blok rysunkowy

zīmējums
....
Rysunek

ota
....
Pędzel

krāsas
....
Pudełko z akwarelami

šķēres
....
Nożyce

līme
....
Klej

darba burtnīca
....
Książka do ćwiczenia

mājas darbs
Zadanie domowe

skaitlis
....
Liczba

saskaitīt
....
dodawać

atņemt
....
odejmować

reizināt
....
mnożyć

rēķināt
....
liczyć

burts
....
Litera

alfabēts
....
Alfabet

hello

vārds
....
Słowo

teksts

Tekst

lasīt

czytać

krīts

Kreda

mācību stunda

Godzina

žurnāls

Dziennik lekcyjny

eksāmens

Egzamin

liecība

Świadectwo

skolas forma

Mundurek szkolny

izglītība

Wykształcenie

enciklopēdija

Leksykon

universitāte

Uniwersytet

mikroskops

Mikroskop

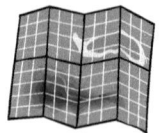

karte

Mapa

papīrgrozs

Kosz na odpadki

skola - Szkoła

ceļojums
Podróż

viesnīca
Hotel
Grand
hostelis
Schronisko
ROOMS
valūtas maiņas punkts
Kantor wymiany walut
EXCHANGE
čemodāns
Walizka
automašīna
Auto

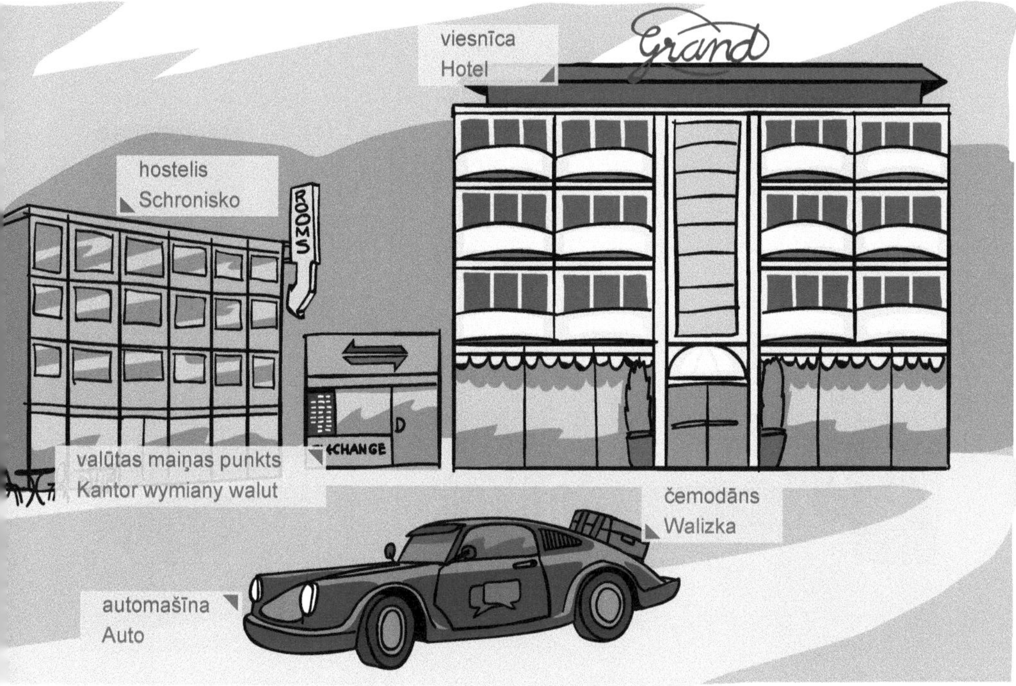

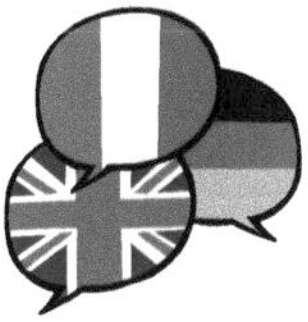

Valoda

Język

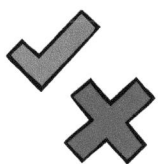

jā / nē

tak / nie

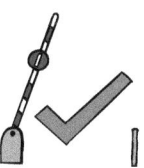

Okay

OK

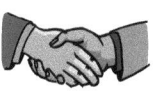

Sveiki!

Halo

tulks

Tłumacz

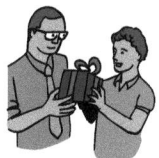

paldies

Dziękuję

Cik maksā...?

Ile kosztuje ...?

Es nesaprotu

Nie rozumiem

problēma

Problem

Labvakar!

Dobry wieczór!

Labrīt!

Dzień dobry!

Ar labu nakti!

Dobranoc!

Uz redzēšanos

Do widzenia

virziens

Kierunek

bagāža

Bagaż

soma

Torba

mugursoma

Plecak

viesis

Gość

istaba

Pokój

guļammaiss

Śpiwór

telts

Namiot

tūrisma informācija

Informacja turystyczna

pludmale

Plaża

kredītkarte

Karta kredytowa

brokastis

Śniadanie

pusdienas

Obiad

vakariņas

Kolacja

biļete

Bilet

lifts

Winda

pastmarka

Znaczek na list

robeža

Granica

muita

Cło

vēstniecība

Ambasada

vīza

Wiza

pase

Paszport

transports
Transport

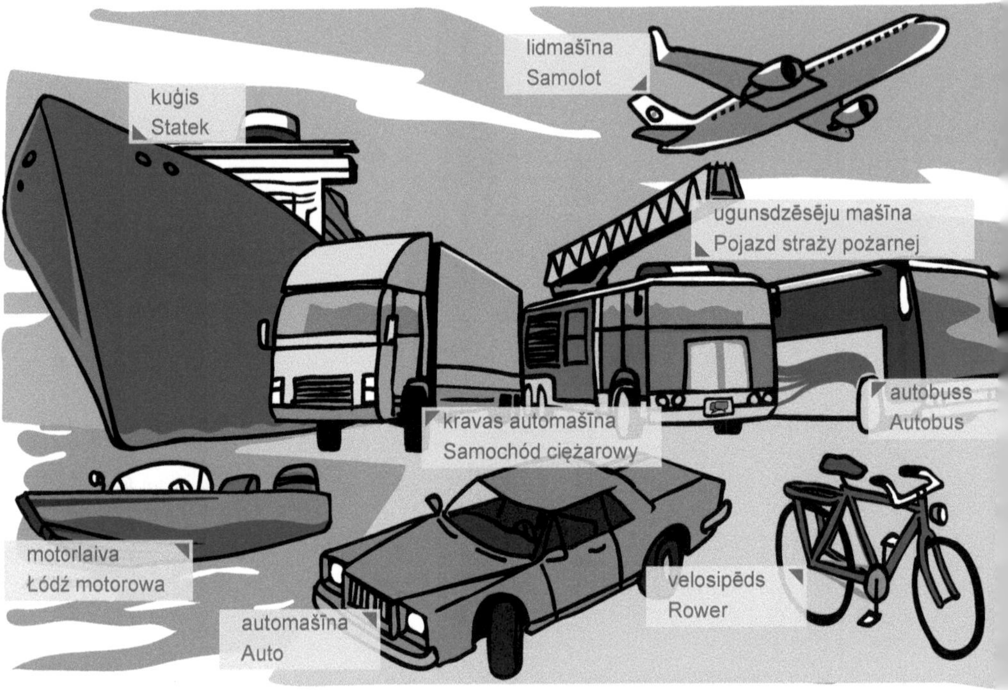
lidmašīna
Samolot
kuģis
Statek
ugunsdzēsēju mašīna
Pojazd straży pożarnej
autobuss
Autobus
kravas automašīna
Samochód ciężarowy
motorlaiva
Łódź motorowa
velosipēds
Rower
automašīna
Auto

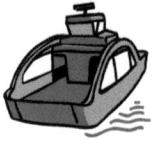

prāmis

Prom

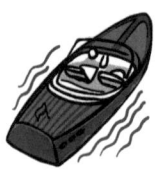

laiva

Łódź

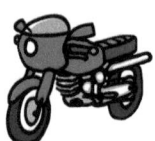

motocikls

Motocykl

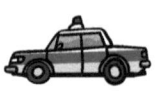

policijas automašīna

Radiowóz policyjny

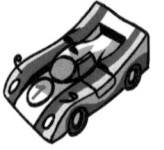

sacīkšu automobilis

Samochód wyścigowy

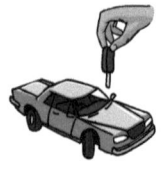

nomas auto

Samochód wypożyczony

auto koplietošana
....
Wspólne przejazdy
samochodem

evakuators
....
Samochód pomocy
drogowej

atkritumu mašīna
....
Śmieciarka

dzinējs
....
Silnik

benzīns
....
Benzyna

degvielas uzpildes stacija
....
Stacja benzynowa

ceļa zīme
....
Znak drogowy

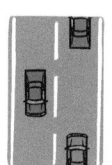

satiksme
....
Ruch

sastrēgums
....
Korek

stāvvieta
....
Parking

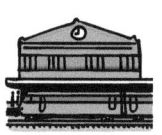

dzelzceļa stacija
....
Dworzec

sliedes
....
Szyny

vilciens
....
Pociąg

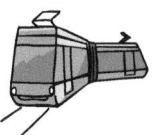

tramvajs
....
Tramwaj

vagons
....
Wagon

helikopters

Helikopter

lidosta

Lotnisko

tornis

Wieża

pasažieris

Pasażer

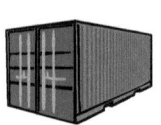

konteiners

Kontener

kaste

Karton

ratiņi

Taczka

grozs

Kosz

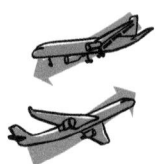

pacelties / nosēsties

startować / lądować

pilsēta
Miasto

ciems

Wieś

pilsētas centrs

Centrum miasta

māja

Dom

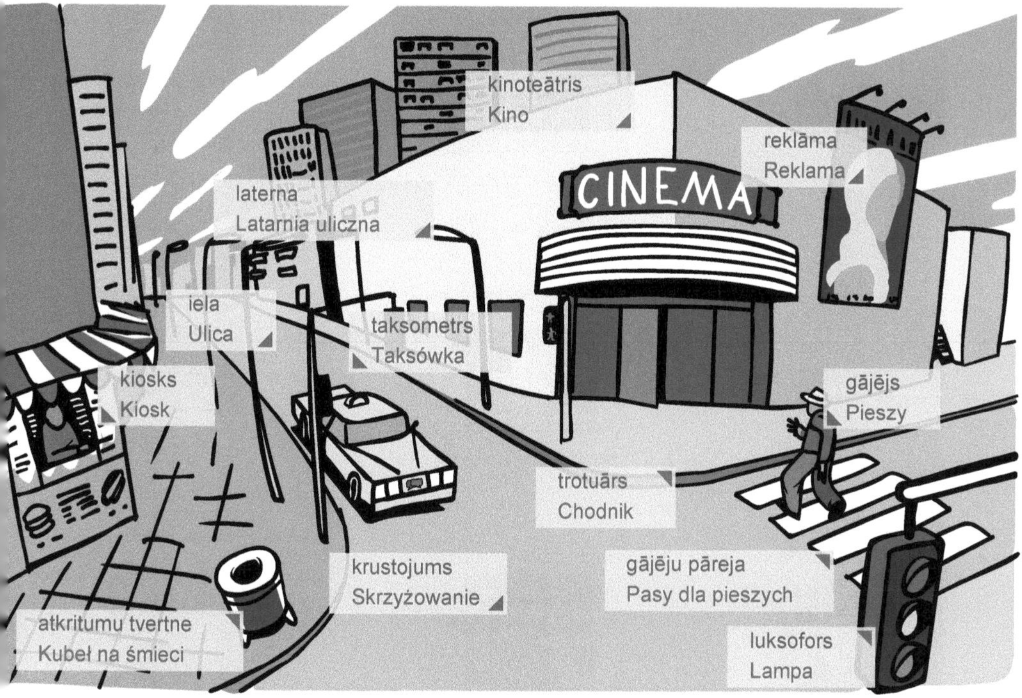

kinoteātris
Kino

reklāma
Reklama

laterna
Latarnia uliczna

iela
Ulica

taksometrs
Taksówka

kiosks
Kiosk

gājējs
Pieszy

trotuārs
Chodnik

krustojums
Skrzyżowanie

gājēju pāreja
Pasy dla pieszych

atkritumu tvertne
Kubeł na śmieci

luksofors
Lampa

CINEMA

būda
Chata

dzīvoklis
Mieszkanie

dzelzceļa stacija
Dworzec

rātsnams
Ratusz

muzejs
Muzeum

skola
Szkoła

universitāte
Uniwersytet

banka
Bank

slimnīca
Szpital

viesnīca
Hotel

aptieka
Apteka

birojs
Biuro

grāmatnīca
Księgarnia

veikals
Sklep

ziedu veikals
Kwiaciarnia

lielveikals
Supermarket

tirgus
Rynek

tirdzniecības centrs
Dom towarowy

zivju tirgotājs
Sklep z rybami

tirdzniecības centrs
Centrum handlowe

osta
Port

parks
Park

sols
Ławka

tilts
Most

kāpnes
Schody

metro
Metro

tunelis
Tunel

autobusa pieturvieta
Przystanek autobusowy

bārs
Bar

restorāns
Restauracja

pastkastīte
Skrzynka na listy

ielas nosaukuma plāksne
Tabliczka z nazwą ulicy

stāvlaika skaitītājs
Parkometr

zooloģiskais dārzs
Zoo

peldbaseins
Łaźnia

mošeja
Meczet

zemnieku saimniecība

Gospodarstwo chłopskie

vides piesārņojums

Zanieczyszczenie
środowiska

kapsēta

Cmentarz

baznīca

Kościół

spēļu laukums

Plac zabaw

templis

Świątynia

ainava
Krajobraz

lapa
Liść

ceļrādis
Drogowskaz

ceļš
Droga

plava
Łąka

akmens
Kamień

koks
Drzewo

ceļotājs
Wędrowiec

upe
Rzeka

zāle
Trawa

puķe
Kwiat

ieleja
Dolina

kalns
Góra

ezers
Jezioro

mežs
Las

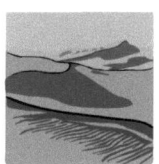

tuksnesis
Pustynia

vulkāns
Wulkan

pils
Zamek

varavīksne
Tęcza

sēne
Grzyb

palma
Palma

moskīts
Komar

muša
Mucha

skudra
Mrówka

bite
Pszczoła

zirneklis
Pająk

vabole

Chrząszcz

varde

Żaba

vāvere

Wiewiórka

ezis

Jeż

zaķis

Zając

pūce

Sowa

putns

Ptak

gulbis

Łabędź

meža cūka

Dzik

briedis

Jeleń

alnis

Łoś

aizsprosts

Tama

vēja ģenerators

Wiatrak

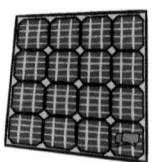

saules baterija

Moduł solarny

klimats

Klimat

viesmīlis
Kelner

ēdienkarte
Menu

krēsls
Krzesło

zupa
Zupa

pica
Pizza

galdauts
Obrus

galda piederumi
Sztućce

uzkoda
Przystawka

pamatēdiens
Danie główne

deserts
Deser

dzērieni
Napoje

ēdiens
Jedzenie

pudele
Butelka

ātrās uzkodas

Fastfood

ielu uzkodas

Streetfood

tējkanna

Dzbanek na herbatę

cukurtrauks

Cukierniczka

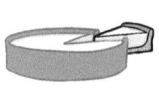

porcija

Porcja

espresso kafijas automāts

Zaparzarka do espresso

bāra krēsls

Krzesło dla dziecka

rēķins

Rachunek

paplāte

Taca

nazis

Nóż

dakša

Widelec

karote

Łyżka

tējkarote

Łyżeczka

salvete

Serwetka

glāze

Szklanka

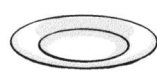

šķīvis
Talerz

zupas šķīvis
Talerz do zupy

apakštase
Podstawek pod filiżankę

mērce
Sos

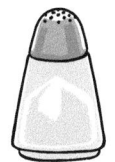

sāls trauciņš
Solniczka

piparu dzirnaviņas
Młynek do pieprzu

etiķis
Ocet

eļļa
Olej

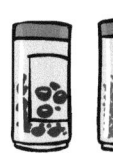

garšvielas
Przyprawy

kečups
Keczup

sinepes
Musztarda

majonēze
Majonez

lielveikals
Supermarket

piedāvājums
Oferta
klients
Klient
FOR
piena produkti
Produkty mleczne
augļi
Owoce
iepirkumu ratiņi
Wózek sklepowy

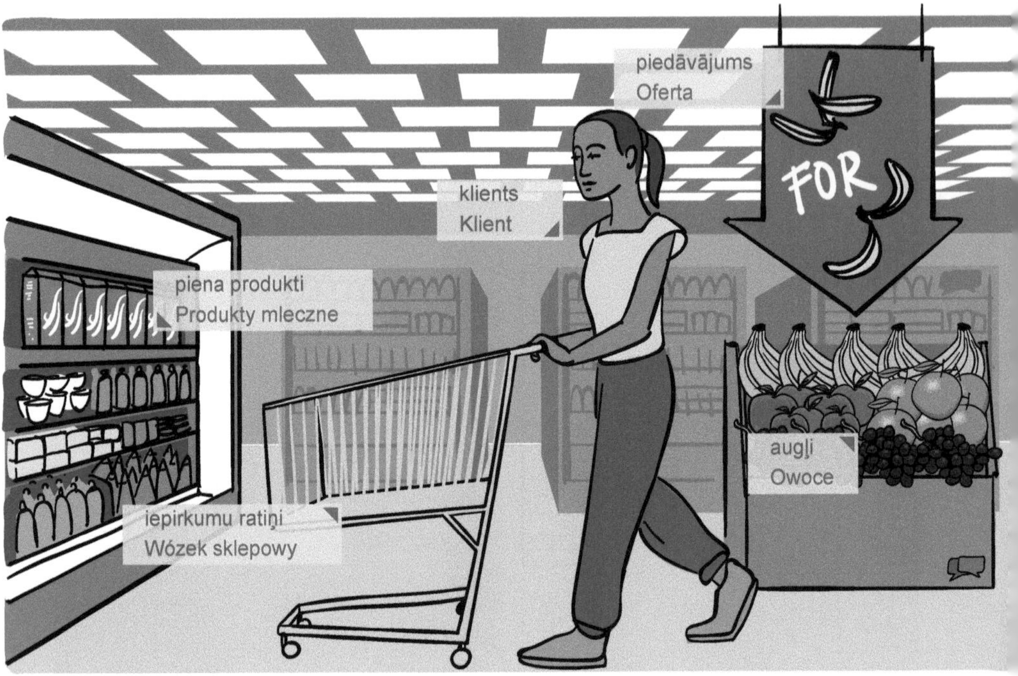

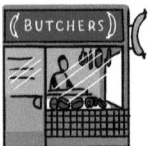

BUTCHERS

kautuve

Rzeźnia

BAKERY

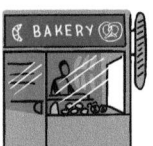

maizes veikals

Piekarnia

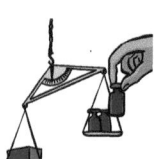

svērt

ważyć

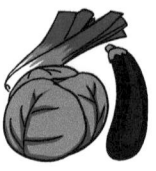

dārzeņi

Warzywa

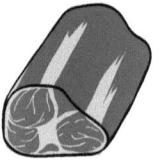

gaļa

Mięso

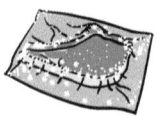

saldēti produkti

Mrożonki

aukstās gaļas uzkodas

Wędliny

konservi

Konserwy

pulveris

Proszek m do prania

saldumi

Słodycze

mājsaimniecības preces

Artykuły użytku domowego

tīrīšanas līdzeklis

Środek czyszczący

pārdevēja

Sprzedawczyni

kase

Kasa

kasieris

Kasjer

iepirkumu saraksts

Lista zakupów

darba laiks

Godziny otwarcia

maks

Portfel

kredītkarte

Karta kredytowa

soma

Torba

maisiņš

Torebka plastikowa

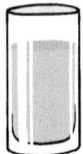

ūdens

Woda

sula

Sok

piens

Mleko

kola

Cola

vīns

Wino

alus

Piwo

alkohols

Alkohol

kakao

Kakao

tēja

Herbata

kafija

Kawa

espresso

Espresso

kapučīno

Cappuccino

banāns
Banan

ābols
Jabłko

apelsīns
Pomarańcza

melone
Arbuz

citrons
Cytryna

burkāns
Marchew

ķiploks
Czosnek

bambuss
Bambus

sīpols
Cebula

sēne
Grzyb

rieksti
Orzechy

makaroni
Makaron

spageti

Spaghetti

rīsi

Ryż

salāti

Sałatka

frī kartupeļi

Frytki

cepti kartupeļi

Ziemniaki pieczone

pica

Pizza

hamburgers

Hamburger

sviestmaize

Kanapka

šnicele

Sznycel

šķiņķis

Szynka

salami

Salami

desa

Kiełbasa

vista

Kura

cepetis

Pieczeń

zivs

Ryba

auzu pārslas
Płatki owsiane

muslis
Musli

brokastu pārslas
Płatki kukurydziane

milti
Mąka

radziņš
Croissant

brokastu maizītes
Bułka

maize
Chleb

tostermaize
Toast

cepumi
Ciastka

sviests
Masło

biezpiens
Twarożek

kūka
Ciasto

ola
Jajko

cepta ola
Jajko sadzone

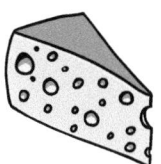

siers
Ser

saldējums

Lody

cukurs

Cukier

medus

Miód

marmelāde

Marmolada

riekstu krēms

Krem nugatowy

karijs

Curry

zemnieku saimniecība
Gospodarstwo chłopskie

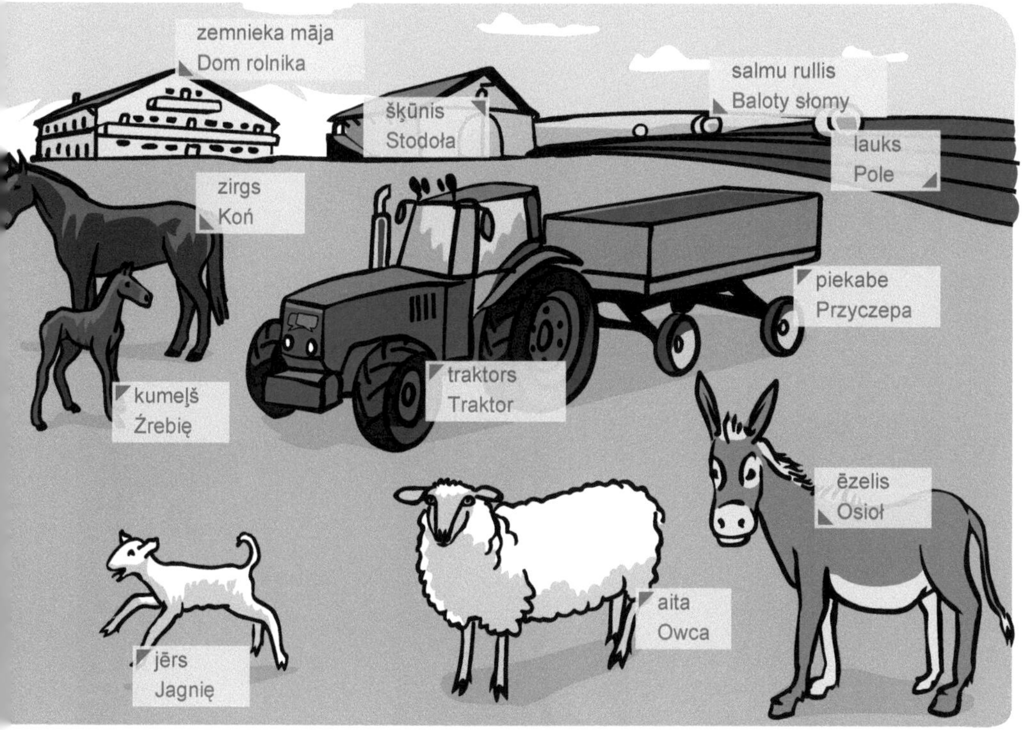
zemnieka māja
Dom rolnika
šķūnis
Stodoła
salmu rullis
Baloty słomy
lauks
Pole
zirgs
Koń
piekabe
Przyczepa
traktors
Traktor
kumeļš
Źrebię
ēzelis
Osioł
aita
Owca
jērs
Jagnię

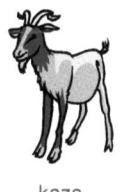

kaza
Koza

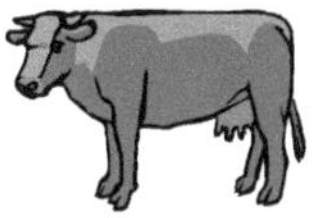

govs
Krowa

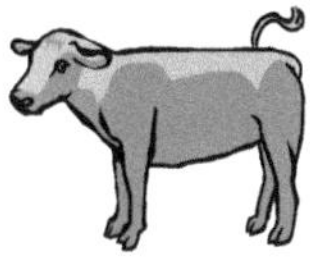

teļš
Cielę

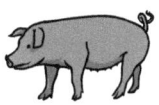

cūka
Świnia

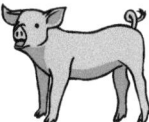

sivēns
Prosię

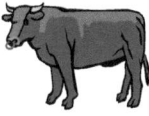

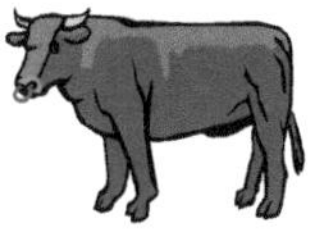

bullis
Byk

zoss

Gęś

pīle

Kaczka

cālis

Kurczątko

vista

Kura

gailis

Kogut

žurka

Szczur

kaķis

Kot

pele

Mysz

vērsis

Osioł

suns

Pies

suņa būda

Buda dla psa

dārza šļūtene

Wąż ogrodowy

lejkanna

Konewka

izkapts

Kosa

arkls

Pług

sirpis

Sierp

kaplis

Graca

mēslu dakša

Widły

cirvis

Siekiera

ķerra

Taczka

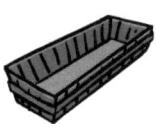

sile

Koryto

piena kanna

Kanka na mleko

maiss

Worek

žogs

Płot

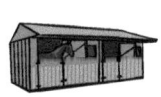

kūts

Stajnia

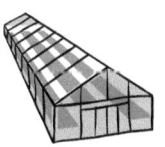

siltumnīca

Szklarnia

augsne

Ziemia

sēklas

Nasiona

mēslojums

Nawóz

kombains

Kombajn zbożowy

novākt ražu

zbierać

raža

Żniwa

jamss

Podchrzyn

kvieši

Pszenica

soja

Soja

kartupelis

Ziemniak

kukurūza

Kukurydza

rapsis

Rzepak

augļu koks

Drzewo owocowe

manioka

Maniok

labība

Zboże

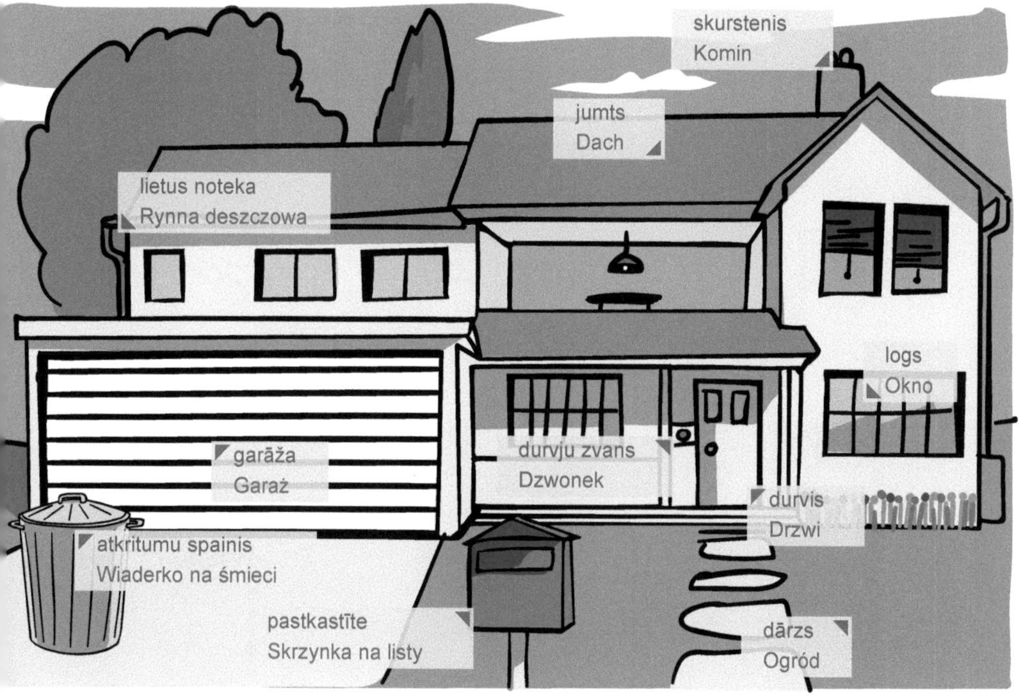

skurstenis
Komin

jumts
Dach

lietus noteka
Rynna deszczowa

logs
Okno

garāža
Garaż

durvju zvans
Dzwonek

durvis
Drzwi

atkritumu spainis
Wiaderko na śmieci

pastkastīte
Skrzynka na listy

dārzs
Ogród

viesistaba
Pokój dzienny

vannas istaba
Łazienka

virtuve
Kuchnia

guļamistaba
Sypialnia

bērnu istaba
Pokój dziecięcy

ēdamistaba
Jadalnia

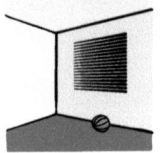

grīda

Ziemia

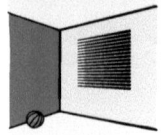

siena

Ściana

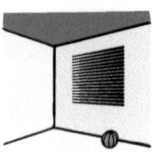

griesti

Koc

pagrabs

Piwnica

sauna

Sauna

balkons

Balkon

terase

Taras

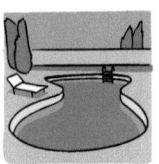

baseins

Basen

zāles pļāvējs

Kosiarka do trawy

gultas veļa

Poszwa

sega

Kołdra

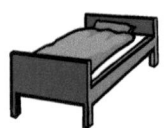

gulta

Łóżko

slota

Miotła

spainis

Wiadro

slēdzis

Włącznik

viesistaba
Pokój dzienny

tapetes
Tapeta
attēls
Obraz
lampa
Lampa
plaukts
Regał
skapis
Szafa
televizors
Telewizor
kamīns
Komin
puķe
Kwiat
spilvens
Poduszka
dīvāns
Kanapa
vāze
Wazon
tālvadības pults
Pilot

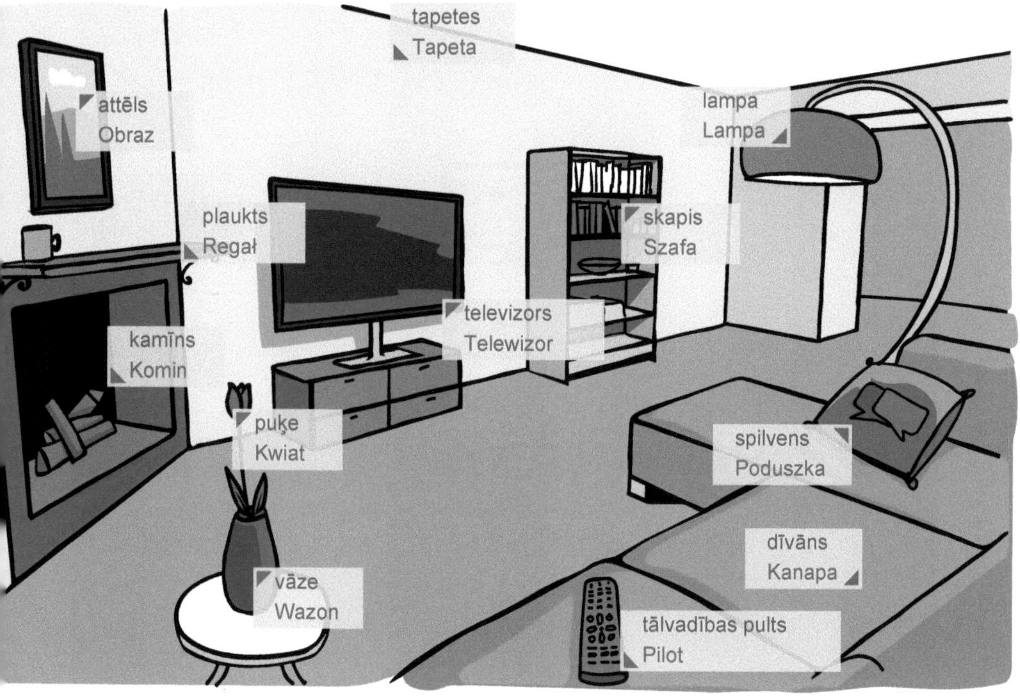

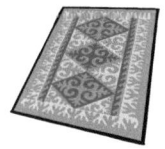

paklājs

Dywan

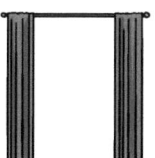

aizkars

Zasłona

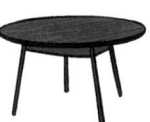

galds

Stół

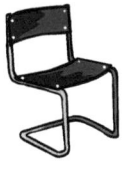

krēsls

Krzesło

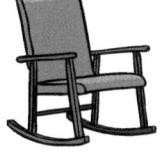

šūpuļkrēsls

Bujak

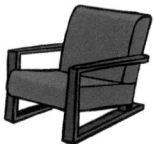

atpūtas krēsls

Fotel

grāmata

Książka

sega

Sufit

dekorācija

Dekoracja

malka

Drewno kominkowe

filma

Film

mūzikas centrs

Instalacja stereo

atslēga

Klucz

avīze

Gazeta

glezna

Malunek

plakāts

Plakat

radio

Radio

pierakstu blociņš

Notatnik

putekļu sūcējs

Odkurzacz

kaktuss

Kaktus

svece

Świeczka

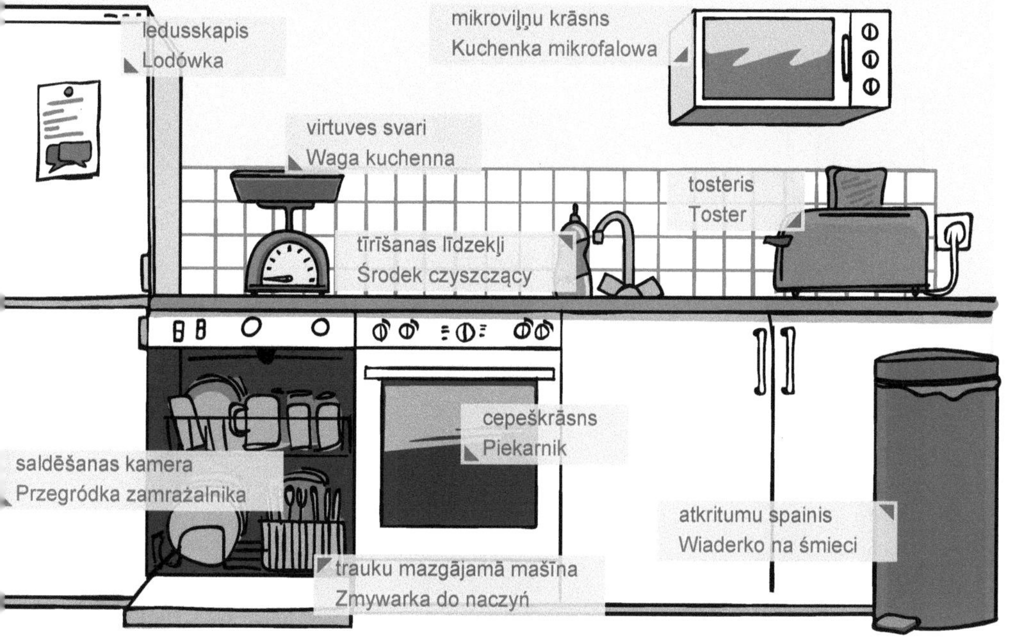

ledusskapis
Lodówka

mikroviļņu krāsns
Kuchenka mikrofalowa

virtuves svari
Waga kuchenna

tosteris
Toster

tīrīšanas līdzekļi
Środek czyszczący

cepeškrāsns
Piekarnik

saldēšanas kamera
Przegródka zamrażalnika

atkritumu spainis
Wiaderko na śmieci

trauku mazgājamā mašīna
Zmywarka do naczyń

plīts
Kuchenka

pods
Garnek

katls
Kocioł żeliwny

Wok panna
Wok / Kadai

panna
Patelnia

elektriskā tējkanna
Czajnik

tvaika katls

Parowar

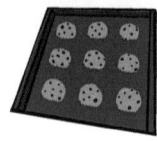

cepešpanna

Blacha do pieczenia

trauki

Naczynia kuchenne

krūze

Kubek

bļoda

Miska

irbulīši

Pałeczki

kauss

Nabierka

lāpstiņa

Łopatka do smażenia

putošanas slotiņa

Trzepaczka do śmietany

sietiņš

Cedzak

siets

Sitko

rīve

Tarka

piesta

Moździerz

grilēt

Grillowanie

atklāts pavards

Palenisko

dēlis

Deska

mīklas rullis

Wałek do ciasta

korķu vilķis

Korkociąg

bundža

Puszka

konservu nazis

Otwieracz do puszek

virtuves cimdi

Ściereczka do trzymania garnka

izlietne

Umywalka

birste

Szczotka

sūklis

Gąbka

mikseris

Mikser

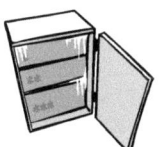

saldētava

Zamrażarka

bērna pudelīte

Butelka dla niemowlęcia

ūdenskrāns

Kran

vannas istaba

Łazienka

apkure
Ogrzewanie
dvielis
Ręcznik
duša
Prysznic
dušas aizkari
Kotara prysznicowa
vannas putas
Płyn do kąpieli
vanna
Wanna kąpielowa
glāze
Szklanka
veļas mašīna
Pralka
ūdenskrāns
Kran
flīzes
Kafelki
podiņš
Nocnik
izlietne
Umywalka

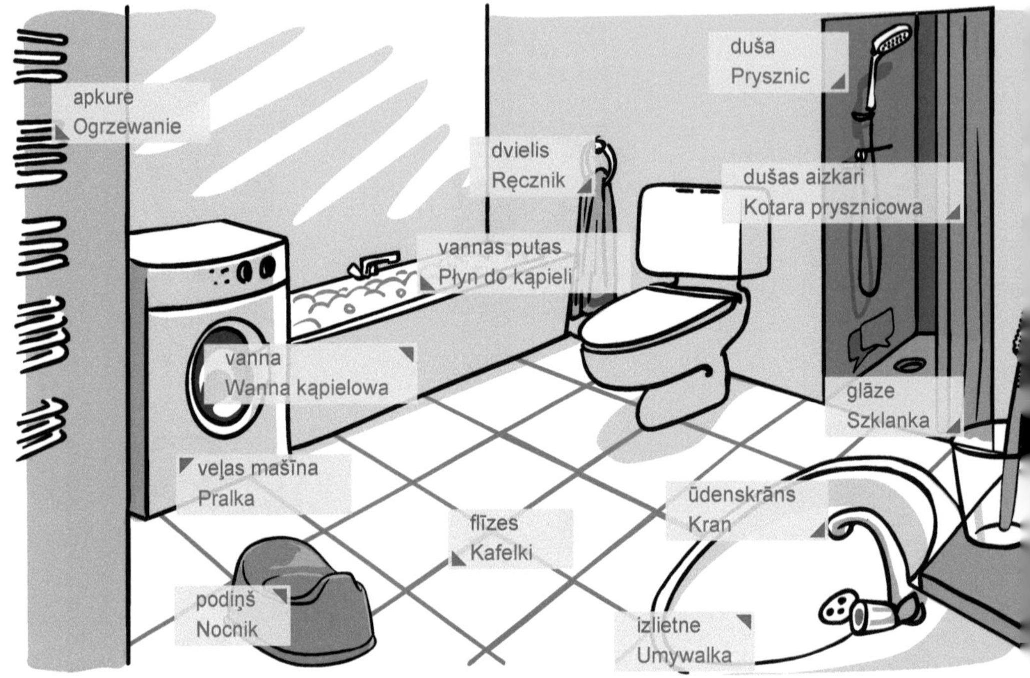

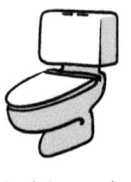

tualetes pods

Toaleta

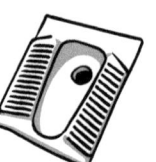

Āzijas tipa tualete

Toaleta kuczna

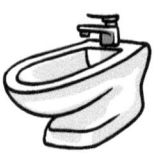

bidē

Bidet

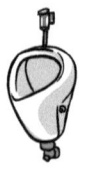

pisuārs

Pisuar

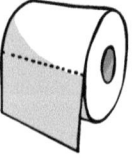

tualetes papīs

Papier toaletowy

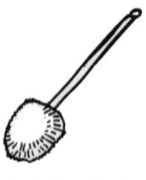

tualetes birste

Szczotka toaletowa

zobu birste

Szczoteczka do zębów

zobu pasta

Pasta do zębów

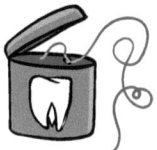

zobu diegs

Nitki do czyszczenia zębów

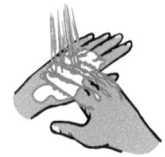

mazgāt

myć

rokas duša

Głowica prysznicowa

duša

Płyn kąpielowy do higieny intymnej

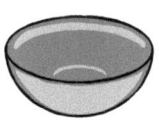

bļoda

Miska do mycia

muguras mazgāšanas birste

Szczotka kąpielowa

ziepes

Mydło

dušas želeja

Żel prysznicowy

šampūns

Szampon

mazgāšanas drāna

Rękawica kąpielowa

noteka

Odpływ

krēms

Krem

dezodorants

Dezodorant

spogulis

Lustro

spogulītis

Lustro kosmetyczne

skuveklis

Golarka

skūšanās putas

Pianka do golenia

losjons pēc skūšanās

Woda po goleniu

ķemme

Grzebień

matu suka

Szczotka

matu fēns

Suszarka do włosów

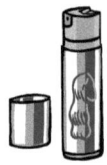

matu laka

Spray do włosów

grima komplekts

Makijaż

lūpu krāsa

Pomadka

nagulaka

Lakier do paznokci

vate

Wata

šķērītes

Nożyczki do paznokci

smaržas

Perfum

kosmētikas maks

Kosmetyczka

ķeblītis

Taboret

svari

Waga

halāts

Szlafrok kąpielowy

tīrīšanas cimdi

Rękawice gumowe

tampons

Tampon

pakete

Podpaska damska

ķīmiskā tualete

Toaleta chemiczna

bērnu istaba
Pokój dziecięcy

modinātājs
Budzik
mīkstā rotaļlieta
Pluszowa przytulanka
spēļu automašīna
Samochodzik
grabulis
Grzechotka
leļļu māja
Domek dla lalek
dāvana
Prezent

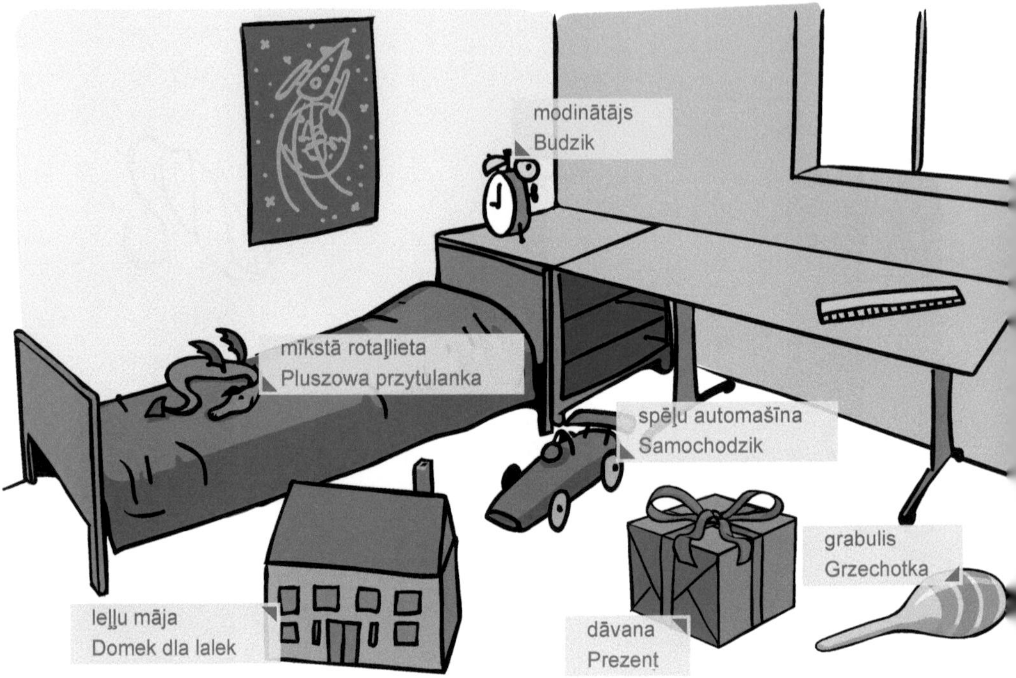

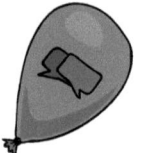

balons
Balon

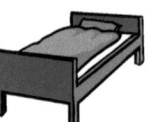

gulta
Łóżko

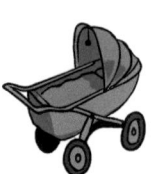

bērnu ratiņi
Wózek dziecięcy

kārtis
Gra w karty

puzle
Puzzle

SUPER MEGA

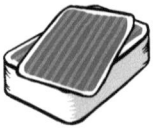

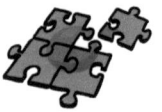

komikss
Komiks

LEGO klucīši

Klocki lego

klucīši

Klocki

varoņu figūra

Action figura

rāpulītis

Śpioszek dziecięcy

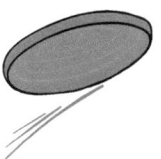

lidojošais šķīvītis

Frisbee

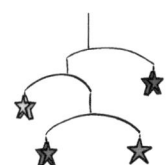

muzikālais karuselis

Zabawki ruchome

galda spēle

Gra planszowa

metamais kauliņš

Kości

rotaļu dzelzceļš

Kolejka elektryczna

māneklis

Smoczek

ballīte

Przyjęcie

bilžu grāmata

Książka z ilustracjami

bumba

Piłka

lelle

Lalka

spēlēt

bawić się

smilšu kaste

Piaskownica

šūpoles

Huśtawka

rotaļlietas

Zabawki

spēļu konsole

Konsola do gier

trīsritenis

Rowerek trójkołowy

plīša lācītis

Pluszowy miś

drēbju skapis

Szafa ubraniowa

apģērbs

Ubiór

īszeķes

Skarpety

zeķes

Pończochy

zeķbikses

Rajstopy

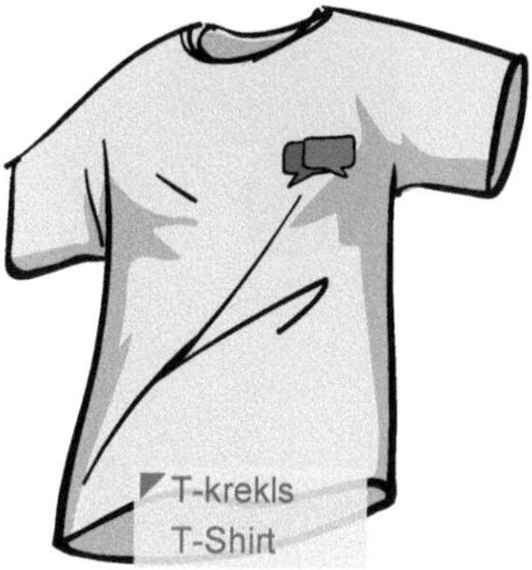

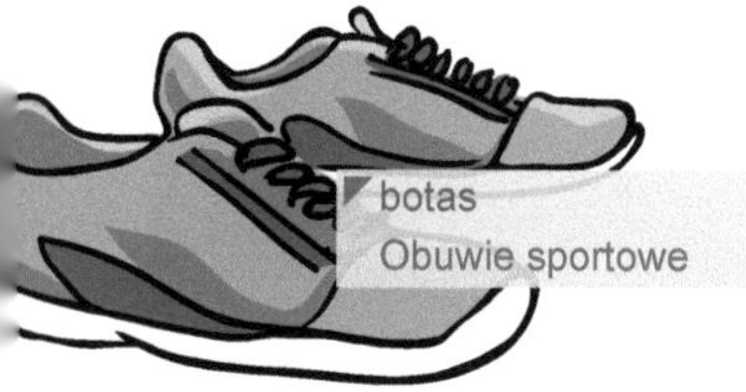

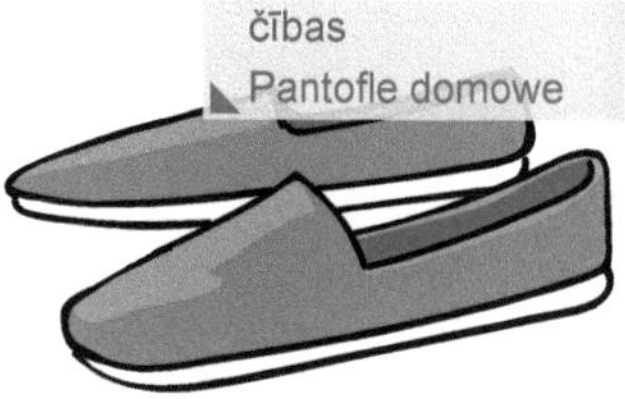

šalle
Szal

siksna
Pasek

lietussargs
Parasol

T-krekls
T-Shirt

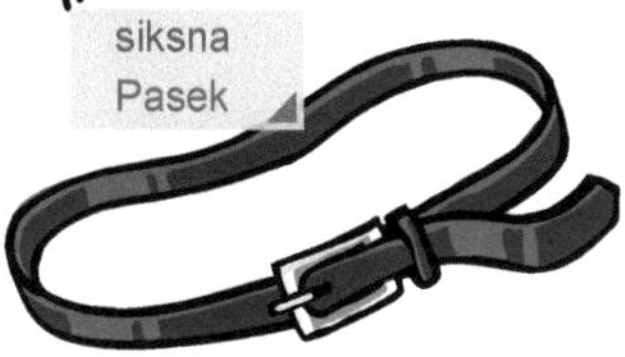

zābaks
Kozaki

čības
Pantofle domowe

botas
Obuwie sportowe

sandales
·················
Sandały

kurpes
·················
Buty

gumijas zābaki
·················
Kalosze

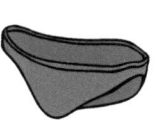

apakšbikses
·················
Majtki

krūšturis
·················
Biustonosz

apakškrekls
·················
Podkoszulek

bodijs

Body

bikses

Spodnie

džinsi

Dżins

svārki

Spódnica

blūze

Bluzka

krekls

Koszula

pulovers

Pulower

džemperis

Bluza sportowa

žakete

Marynarka

jaka

Kurtka

mētelis

Płaszcz

lietus mētelis

Płaszcz przeciwdeszczowy

kostīms

Kostium

kleita

Sukienka

kāzu kleita

Suknia ślubna

uzvalks

Garnitur męski

naktskrekls

Koszula nocna

pidžama

Piżama

sari

Sari

lakats

Chusta na głowę

turbāns

Turban

burka

Burka

kaftāns

Kaftan

abaja

Abaya

peldkostīms

Strój kąpielowy

peldbikses

Kąpielówki

šorti

Krótkie spodnie

treniņtērps

Dres sportowy

priekšauts

Fartuch

cimdi

Rękawiczki

poga
Guzik

brilles
Okulary

rokassprādze
Bransoletka

kaklarota
Łańcuszek

gredzens
Pierścionek

auskars
Kolczyk

cepure
Czapka

drēbju pakaramais
Wieszak

platmale
Kapelusz

kaklasaite
Krawat

rāvējslēdzējs
Zamek błyskawiczny

ķivere
Kask

bikšturi
Szelki

skolas forma
Mundurek szkolny

uniforma
Mundur

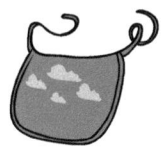

priekšautiņš

Śliniaczek

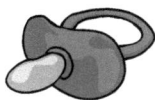

māneklis

Smoczek

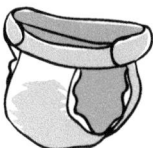

autiņbiksītes

Pieluszka

birojs
Biuro

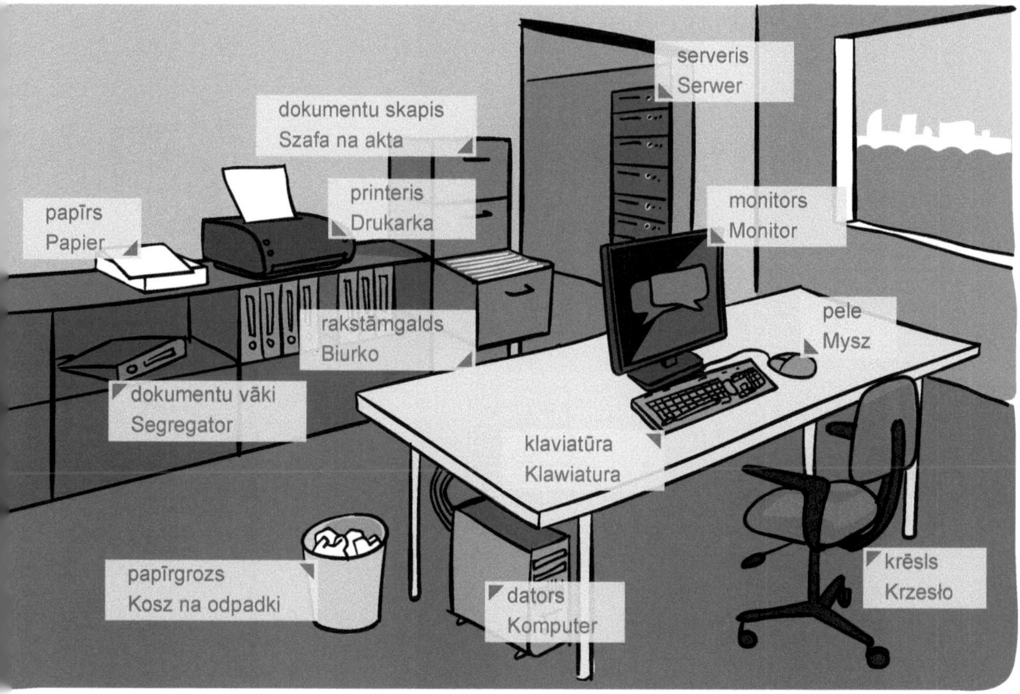

serveris
Serwer
dokumentu skapis
Szafa na akta
printeris
Drukarka
papīrs
Papier
monitors
Monitor
pele
Mysz
rakstāmgalds
Biurko
dokumentu vāki
Segregator
klaviatūra
Klawiatura
krēsls
Krzesło
papīrgrozs
Kosz na odpadki
dators
Komputer

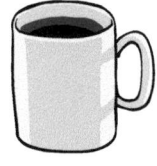

kafijas krūze

Filiżanka do kawy

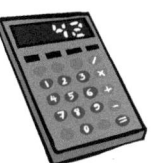

kalkulators

Kalkulator

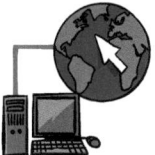

internets

Internet

portatīvais dators

Laptop

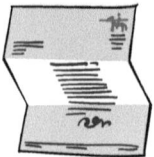

vēstule

List

ziņa

Wiadomość

mobilais tālrunis

Komórka

tīkls

Sieć

kopētājs

Kopiarka

programmatūra

Oprogramowanie

telefons

Telefon

rozete

Gniazdko

faksa aparāts

Faks

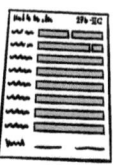

formulārs

Formularz

dokuments

Dokument

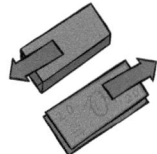

pirkt
kupić

samaksāt
płacić

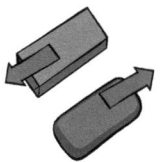

tirgot
postępować

nauda
Pieniądze

dolārs
Dolar

eiro
Euro

jēna
Jen

rublis
Rubel

franks
Frank

juaņa renminbi
Juan Renminbi

rūpija
Rupia

bankomāts
Bankomat

valūtas maiņas punkts

Kantor wymiany walut

zelts

Złoto

sudrabs

Srebro

nafta

Olej

enerģija

Energia

cena

Cena

līgums

Umowa

nodoklis

Podatek

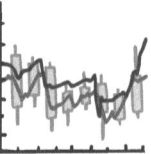

akcija

Akcja

strādāt

pracować

darbinieks

Pracownik umysłowy

darba devējs

Pracodawca

fabrika

Fabryka

veikals

Sklep

profesijas
Zawody

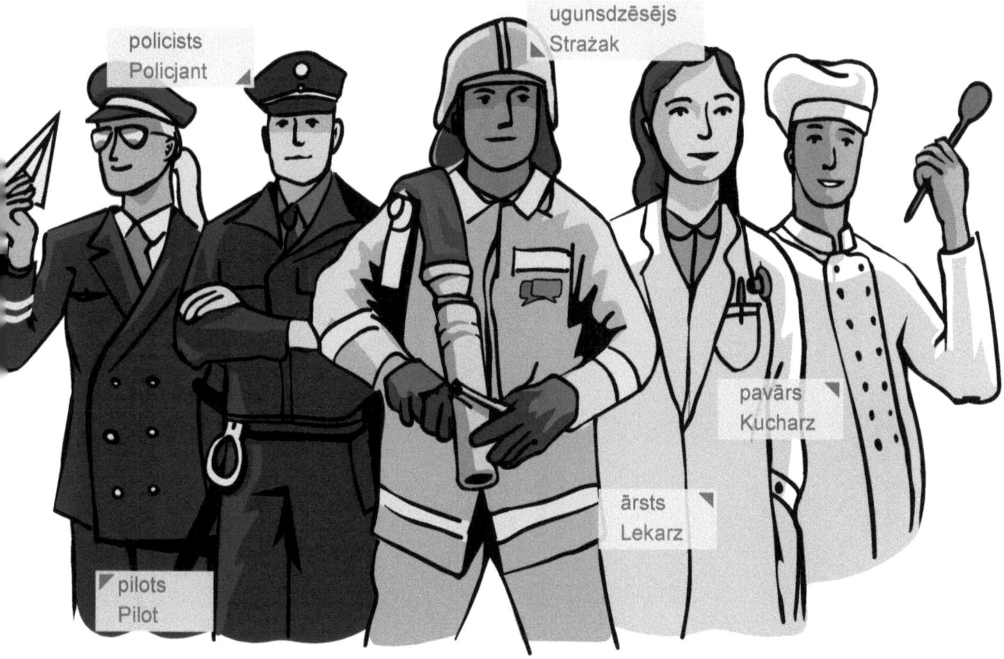
policists
Policjant
ugunsdzēsējs
Strażak
pavārs
Kucharz
ārsts
Lekarz
pilots
Pilot

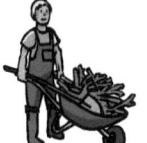

dārznieks

Ogrodnik

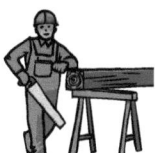

galdnieks

Stolarz

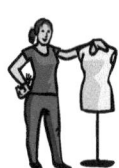

šuvēja

Krawcowa

tiesnesis

Sędzia

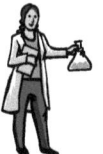

ķīmiķis

Chemik

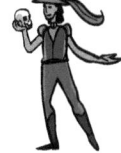

aktieris

Aktor

autobusa vadītājs

Kierowca autobusu

taksometra vadītājs

Taksówkarz

zvejnieks

Fischer

apkopēja

Sprzątaczka

jumiķis

Dekarz

viesmīlis

Kelner

mednieks

Myśliwy

gleznotājs

Malarz

maiznieks

Piekarz

elektriķis

Elektryk

celtnieks

Robotnik budowlany

inženieris

Inżynier

miesnieks

Rzeźnik

skārdnieks

Instalator

pastnieks

Listonosz

karavīrs

Żołnierz

arhitekts

Architekt

kasieris

Kasjer

florists

Florysta

frizieris

Fryzjer

konduktors

Konduktor

mehāniķis

Mechanik

kapteinis

Kapitan

zobārsts

Dentysta

zinātnieks

Naukowiec

rabīns

Rabin

imāms

Imam

mūks

Mnich

mācītājs

Proboszcz

instrumenti
Narzędzia

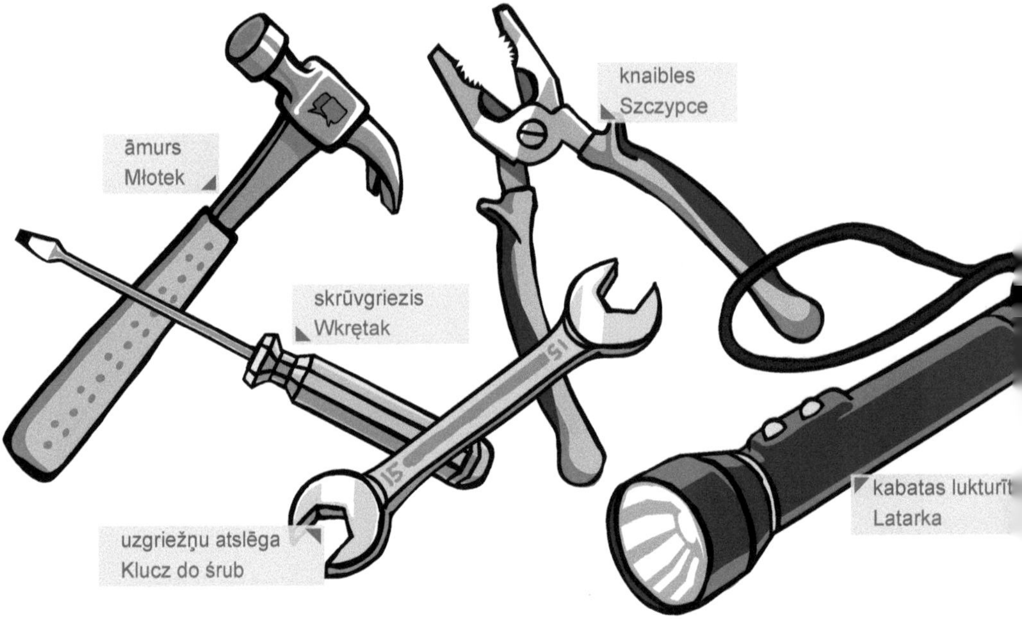
āmurs
Młotek
knaibles
Szczypce
skrūvgriezis
Wkrętak
kabatas lukturīt
Latarka
uzgriežņu atslēga
Klucz do śrub

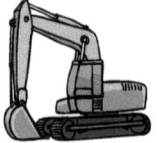

ekskavators
Koparka

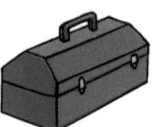

instrumentu kaste
Skrzynka narzędziowa

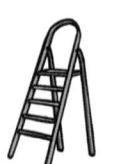

kāpnes
Drabina

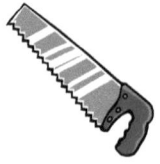

zāģis
Piła

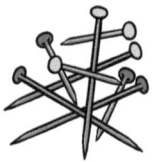

naglas
Gwoździe

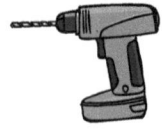

urbis
Wiertło

remontēt
naprawić

lāpsta
Łopatka

Velns!
Cholera!

liekšķere
Szufelka

krāsas bundža
Puszka z farbą

skrūves
Śruby

mūzikas instrumenti
Instrumenty muzyczne

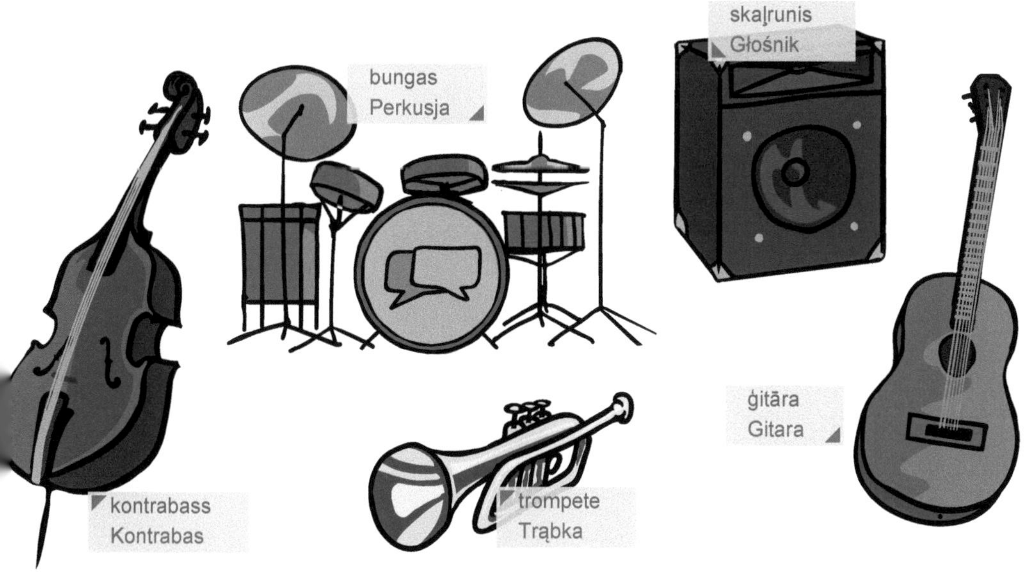

bungas
Perkusja

skaļrunis
Głośnik

ģitāra
Gitara

kontrabass
Kontrabas

trompete
Trąbka

klavieres

Pianino

vijole

Skrzypce

bass

Bas

timpāni

Kotły

bungas

Bęben

digitālās klavieres

Keyboard

saksofons

Saksofon

flauta

Flet

mikrofons

Mikrofon

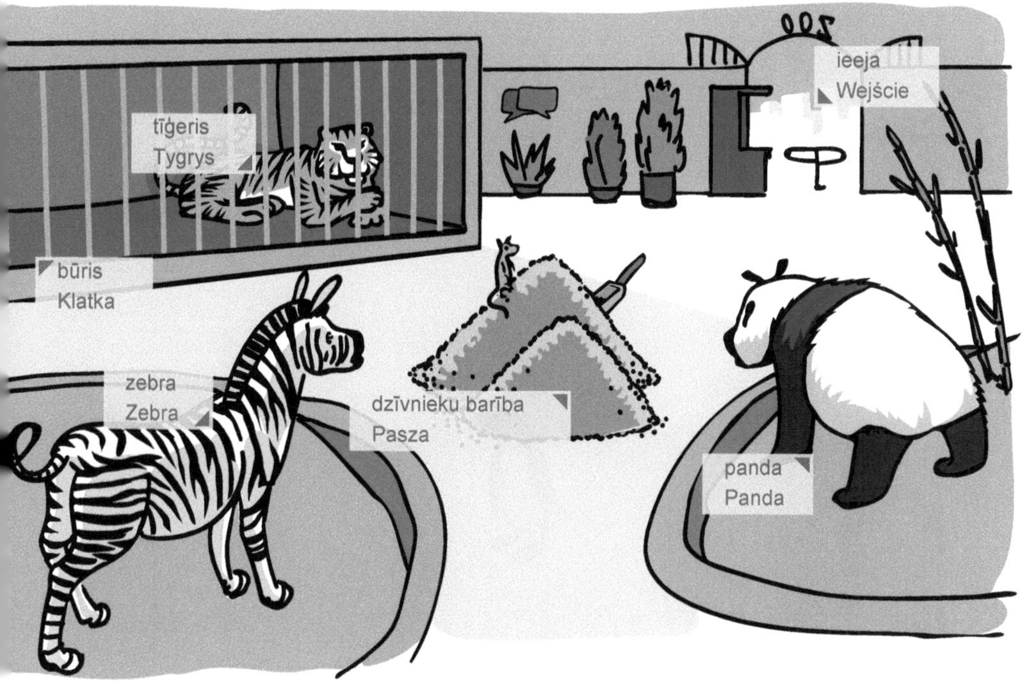

tīģeris
Tygrys

ieeja
Wejście

būris
Klatka

zebra
Zebra

dzīvnieku barība
Pasza

panda
Panda

dzīvnieki

Zwierzęta

zilonis

Słoń

ķengurs

Kangur

degunradzis

Nosorożec

gorilla

Goryl

lācis

Niedźwiedź

kamielis

Wielbłąd

strauss

Struś

lauva

Lew

pērtiķis

Małpa

flamings

Fleming

papagailis

Papuga

polārlācis

Niedźwiedź polarny

pingvīns

Pingwin

haizivs

Rekin

pāvs

Paw

čūska

Wąż

krokodils

Krokodyl

zoodārza sargs

Dozorca w zoo

ronis

Foka

jaguārs

Jaguar

ponijs

Kucyk

leopards

Gepard

nīlzirgs

Hipopotam

žirafe

Żyrafa

ērglis

Orzeł

meža cūka

Dzik

zivs

Ryba

bruņurupucis

Żółw

valzirgs

Mors

lapsa

Lis

gazele

Gazela

amerikāņu futbols
Futbol amerykański

riteņbraukšana
Kolarstwo

teniss
Tenis

basketbols
Koszykówka

peldēšana
Pływanie

hokejs
Hokej na lodzie

bokss
Boks

futbols	badmintons	vieglatlētika
Piłka nożna	Badminton	Lekka atletyka

rokas bumba	slēpošana	polo
Piłka ręczna	Narciarstwo	Polo

lēkt
skakać

smieties
śmiać się

apskaut
objąć

iet
iść

dziedāt
śpiewać

sapņot
marzyć

lūgt
modlić się

skūpstīt
całować

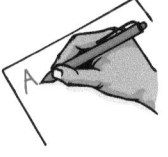

rakstīt

pisać

zīmēt

rysować

rādīt

pokazywać

spiest

nacisnąć

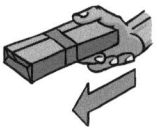

dot

dać

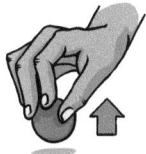

ņemt

wziąć

būt
mieć

darīt
robić

būt
być

stāvēt
stać

skriet
biegać

vilkt
ciągnąć

mest
rzucać

krist
spaść

gulēt
leżeć

gaidīt
czekać

nest
nosić

sēdēt
siedzieć

uzģērbt
zakładać

gulēt
spać

pamosties
budzić się

skatīties

spojrzeć

raudāt

płakać

glāstīt

głaskać

ķemmēt

czesać się

runāt

mówić

saprast

rozumieć

jautāt

pytać

dzirdēt

słyszeć

dzert

pić

ēst

jeść

sakārtot

sprzątać

mīlēt

kochać

vārīt

gotować

braukt

jechać

lidot

latać

burot

żeglować

rēķināt

liczyć

lasīt

czytać

mācīties

uczyć się

strādāt

pracować

precēties

wejść w związek małżeński

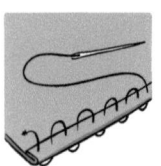

šūt

szyć

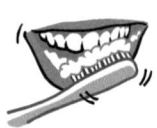

tīrīt zobus

myć zęby

nogalināt

zabić

smēķēt

palić tytoń

sūtīt

wysłać

vecāmāte
Babcia

vectēvs
Dziadek

tēvs
Ojciec

māte
Matka

mazulis
Niemowlę

meita
Córka

dēls
Syn

viesis

Gość

tante

Ciotka

onkulis

Wujek

brālis

Brat

māsa

Siostra

ķermenis
Ciało

piere
Czoło
acs
Oko
seja
Twarz
zods
Broda
krūtis
Pierś
pirksts
Palec
roka
Ręka
roka
Ramię
plecs
Ramię
kāja
Noga

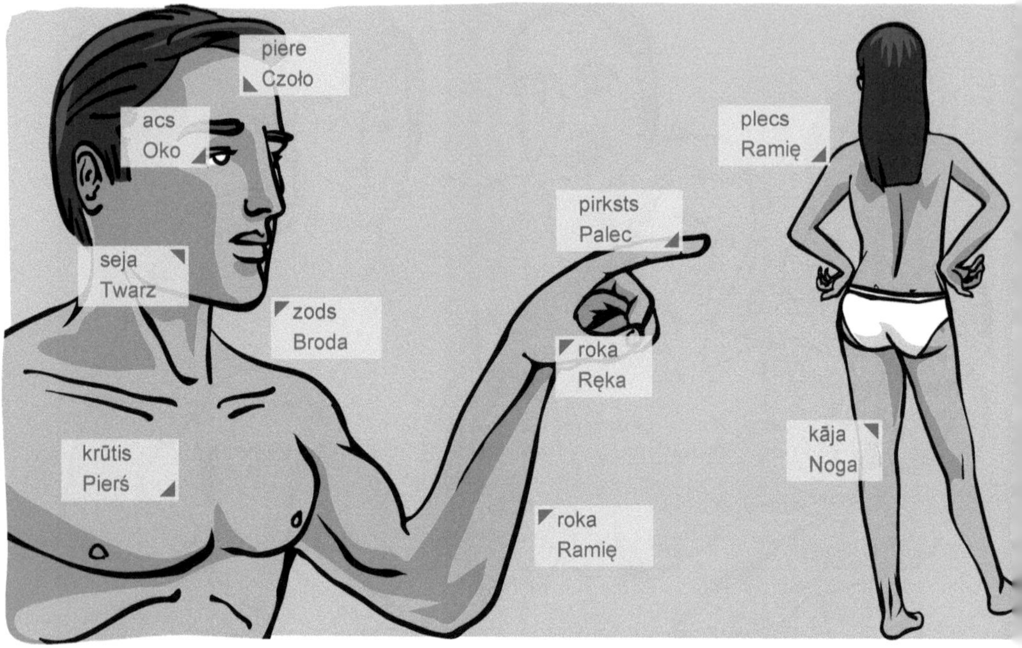

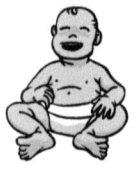

mazulis

Niemowlę

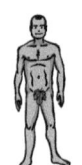

vīrietis

Mężczyzna

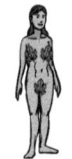

sieviete

Kobieta

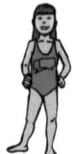

meitene

Dziewczyna

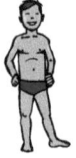

zēns

Chłopiec

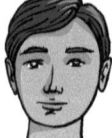

galva

Głowa

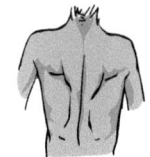

mugura

Plecy

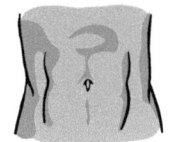

vēders

Brzuch

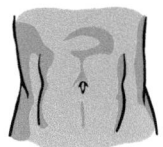

naba

Pępek

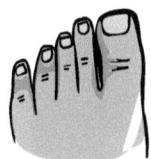

kājas pirksts

palec nogi

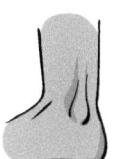

papēdis

Pięta

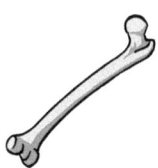

kauls

Kość

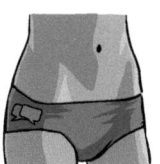

gurns

Biodro

celis

Kolano

elkonis

Łokieć

deguns

Nos

dibens

Pośladki

āda

Skóra

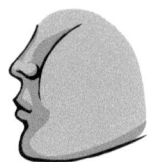

vaigs

Policzek

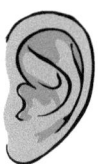

auss

Uszy

lūpa

Warga

mute
....
Usta

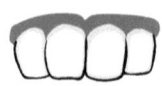

zobs
....
Ząb

mēle
....
Język

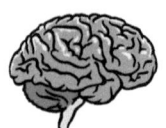

smadzenes
....
Mózg

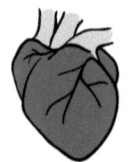

sirds
....
Serce

muskulis
....
Mięsień

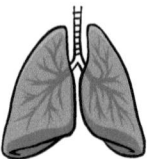

plaušas
....
Płuca

aknas
....
Wątroba

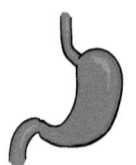

kuņģis
....
Żołądek

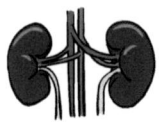

nieres
....
Nerki

dzimumakts
....
Stosunek płciowy

kondoms
....
Kondom

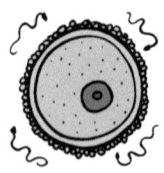

olšūna
....
Komórka jajowa

sperma
....
Sperma

grūtniecība
....
Ciąża

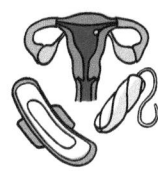

menstruācijas

Menstruacja

vagīna

Wagina

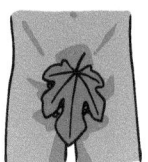

penis

Penis

uzacs

Brew

mati

Włosy

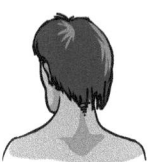

kakls

Szyja

slimnīca
Szpital

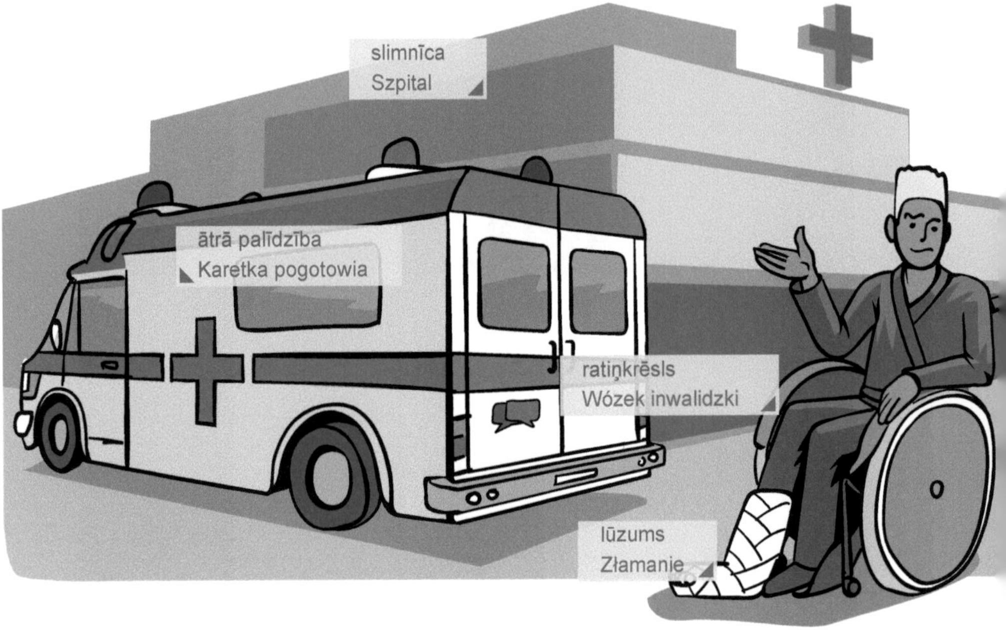

slimnīca
Szpital
ātrā palīdzība
Karetka pogotowia
ratiņkrēsls
Wózek inwalidzki
lūzums
Złamanie

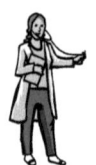

ārsts

Lekarz

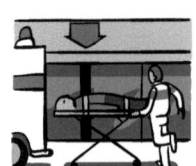

neatliekamās palīdzības nodaļa

Izba przyjęć

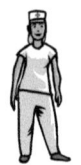

medmāsa

Pielęgniarka

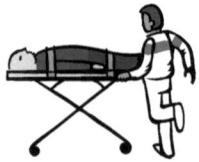

ārkārtas gadījums

Nagły przypadek

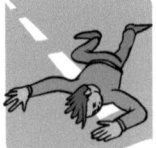

paģībis

nieprzytomny

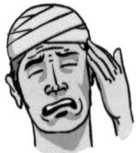

sāpes

Ból

ievainojums

Skaleczenie

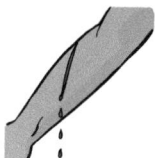

asiņošana

Krwawienie

sirdslēkme

Zawał serca

insults

Udar mózgu

alerģija

Alergia

klepus

Kaszleć

temperatūra

Gorączka

gripa

Grypa

caureja

Biegunka

galvassāpes

Ból głowy

vēzis

Rak

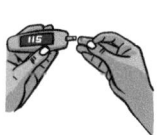

diabēts

Cukrzyca

ķirurgs

Chirurg

skalpelis

Skalpel

operācija

Operacja

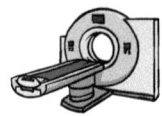

datortomogrāfija

CT

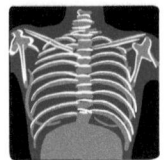

rentgents

Rentgen

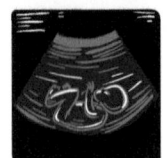

ultraskaņa

Ultradźwięki

sejas maska

Maska

slimība

Choroba

uzgaidāmā telpa

Poczekalnia

kruķis

Kula

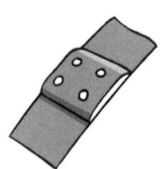

plāksteris

Plaster

apsējs

Opatrunek

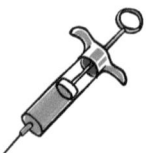

injekcija

Iniekcja

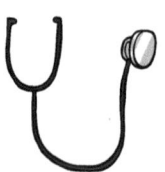

stetoskops

Stetoskop

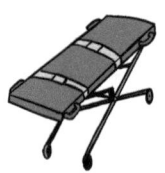

nestuves

Nosze

termometrs

Termometr

dzemdības

Poród

liekais svars

Nadwaga

dzirdes aparāts

Aparat słuchowy

dezinfekcijas līdzeklis

Środek dezynfekcyjny

infekcija

Infekcja

vīruss

Wirus

HIV / AIDS

HIV / AIDS

zāles

Medycyna

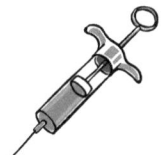

pote

Szczepienie

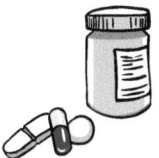

tabletes

Tabletki

pretapaugļošanās tablete

Pigułka

ārkārtas izsaukums

Telefon ratunkowy

asinsspiediena mērītājs

Ciśnieniomierz krwi

slims / vesels

chory / zdrowy

Palīgā!

Pomocy!

trauksme

Alarm

uzbrukums

Napad

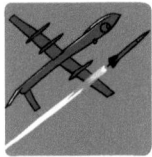

uzbrukums

Atak

bīstamība

Niebezpieczeństwo

avārijas izeja

Wyjście awaryjne

Uguns!

Pożar!

ugunsdzēšamais aparāts

Gaśnica

negadījums

Wypadek

pirmās palīdzības aptieciņa

Walizeczka pierwszej
pomocy

SOS

SOS

policija

Policja

Eiropa

Europa

Ziemeļamerika

Ameryka Północna

Dienvidamerika

Ameryka Południowa

Āfrika

Afryka

Āzija

Azja

Austrālija

Australia

Atlantijas okeāns

Atlantyk

Klusais okeāns

Pacyfik

Indijas okeāns

Ocean Indyjski

Dienvidu okeāns

Ocean Antarktyczny

Ziemeļu ledus okeāns

Ocean Arktyczny

Ziemeļpols

Biegun północny

Dienvidpols

Biegun południowy

Antarktika

Antarktyda

zeme

Ziemia

zeme

Kraj

jūra

Morze

sala

Wyspa

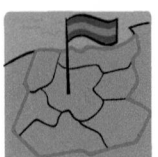

nācija

Naród

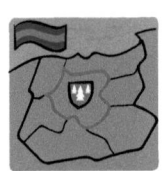

valsts

Państwo

ciparnīca

Cyferblat

stundu rādītājs

Wskazówka godzinowa

minūšu rādītājs

Wskazówka minutowa

sekunžu rādītājs

Wskazówka sekundowa

Cik ir pulkstenis?

Która godzina?

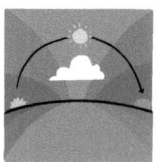

diena

Dzień

laiks

Czas

tagad

teraz

digitālais pulkstenis

Zegarek digitalny

minūte

Minuta

stunda

Godzina

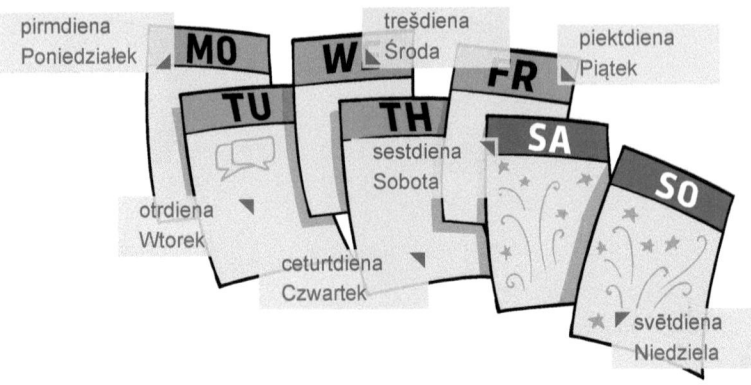

pirmdiena
Poniedziałek

treśdiena
Środa

piektdiena
Piątek

otrdiena
Wtorek

sestdiena
Sobota

ceturtdiena
Czwartek

svētdiena
Niedziela

vakardien

wczoraj

šodien

dzisiaj

rītdien

jutro

rīts

Rano

pusdienlaiks

Południe

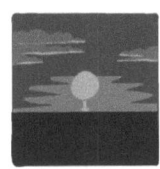

vakars

Wieczór

MO	TU	WE	TH	FR	SA	SU
1	2	3	4	5	6	7
8	9	10	11	12	13	14
15	16	17	18	19	20	21
22	23	24	25	26	27	28
29	30	31	1	2	3	4

darbadienas

Dni robocze

MO	TU	WE	TH	FR	SA	SU
1	2	3	4	5	6	7
8	9	10	11	12	13	14
15	16	17	18	19	20	21
22	23	24	25	26	27	28
29	30	31	1	2	3	4

brīvdienas

Weekend

lietus
Deszcz

varavīksne
Tęcza

vējš
Wiatr

sniegs
Śnieg

pavasaris
Wiosna

vasara
Lato

rudens
Jesień

ziema
Zima

4.APRIL	11°	☀
5.APRIL	4°	
6.APRIL	13°	
7.APRIL	8°	☀
8.APRIL	10°	☀

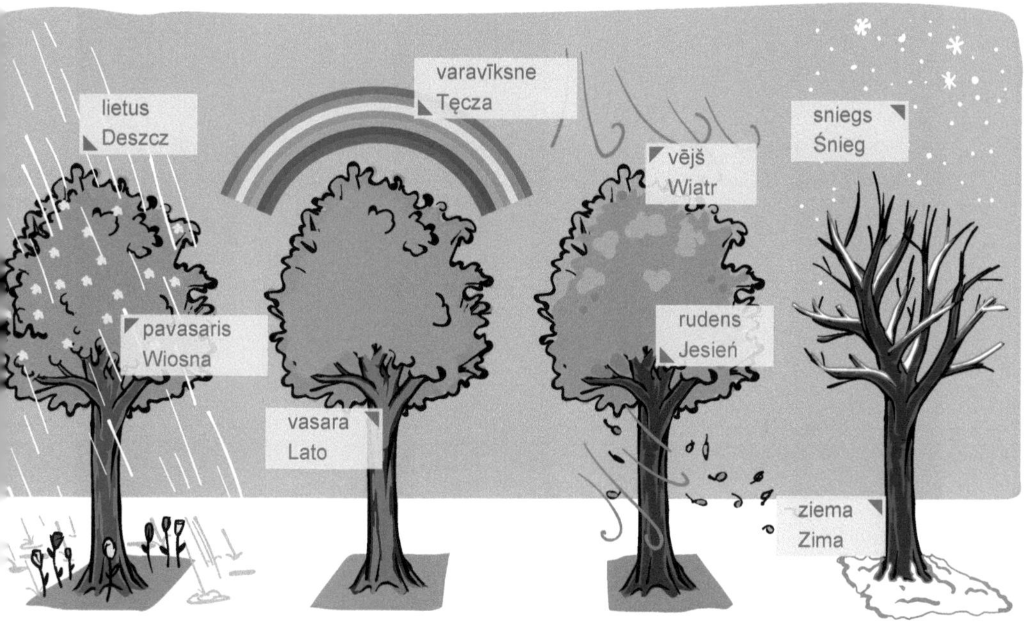

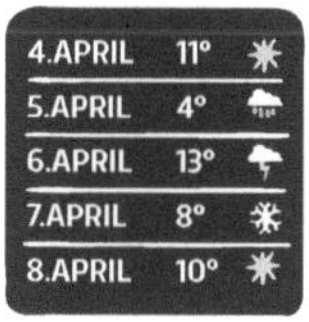

laika prognoze

Prognoza pogody

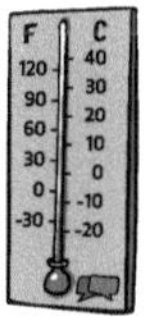

termometrs

Termometr

saules gaisma

Światło słoneczne

mākonis

Chmura

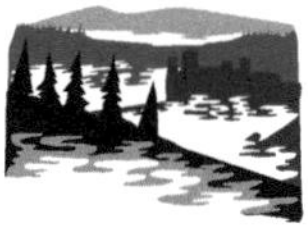

migla

Mgła

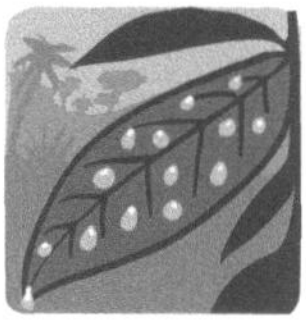

gaisa mitrums

Wilgotność powietrza

zibens

Błyskawica

pērkons

Grzmot

vētra

Sztorm

krusa

Grad

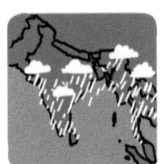

musons

Monsun

plūdi

Potop

ledus

Lód

janvāris

Styczeń

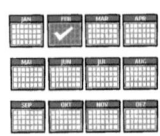

februāris

Luty

marts

Marzec

aprīlis

Kwiecień

maijs

Maj

jūnijs

Czerwiec

jūlijs

Lipiec

augusts

Sierpień

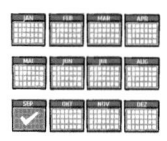

septembris
....
Wrzesień

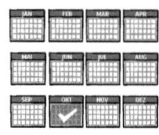

oktobris
....
Październik

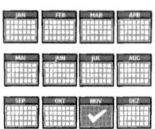

novembris
....
Listopad

decembris
....
Grudzień

formas
Kształty

aplis
....
Koło

kvadrāts
....
Kwadrat

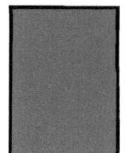

četrstūris
....
Prostokąt

trīsstūris
....
Trójkąt

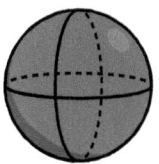

lode
....
Kula

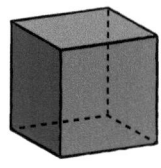

kubs
....
Sześcian

balts

biały

dzeltens

żółty

oranžs

pomarańczowy

sārts

różowy

sarkans

czerwony

lillā

liliowy

zils

niebieski

zaļš

zielony

brūns

brązowy

pelēks

szary

melns

czarny

daudz / maz

dużo / mało

saniknots / miermīlīgs

wściekły / spokojny

skaists / neglīts

piękny / brzydki

sākums / beigas

początek / koniec

liels / mazs

duży / mały

gaišs / tumšs

jasny / ciemny

brālis / māsa

brat / siostra

tīrs / netīrs

czysty / brudny

pilnīgs / nepilnīgs

kompletny / niekompletny

diena / nakts

dzień / noc

miris / dzīvs

umarły / żywy

plats / šaurs

szeroki / wąski

baudāms / nebaudāms

jadalny / niejadalny

nikns / laipns

zły / uprzejmy

satraukts / garlaikots

podniecony / znudzony

resns / tievs

gruby / chudy

pirmais /pēdējais

najpierw / na końcu

draugs / ienaidnieks

przyjaciel / wróg

pilns / tukšs

pełen / pusty

ciets / mīksts

twardy / miękki

smags / viegls

ciężki / lekki

izsalkums / slāpes

głód / pragnienie

slims / vesels

chory / zdrowy

nelegāls / legāls

nielegalny / legalny

inteliģents / dumjš

inteligentny / głupi

kreisais / labais

lewo / prawo

tuvu / tālu

bliski / daleki

jauns / lietots

nowy / używany

nekas / kaut kas

nic / coś

vecs / jauns

stary / młody

ieslēgts / izslēgts

włącz / wyłącz

atvērts / slēgts

otwarty / zamknięty

kluss / skaļš

cichy / głośny

bagāts / nabags

bogaty / biedny

pareizi / nepareizi

prawidłowy / błędny

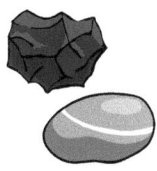

raupjš / gluds

chropowaty / gładki

noskumis / laimīgs

smutny / szczęśliwy

īss / garš

krótki / długi

lēns / ātrs

powolny / szybki

slapjš / sauss

mokry/suchy

silts / vēss

ciepły / chłodny

karš / miers

wojna / pokój

0

nulle

zero

1

viens

jeden

2

divi

dwa

3

trīs

trzy

4

četri

cztery

5

pieci

pięć

6

seši

sześć

7

septiņi

siedem

8

astoņi

osiem

9

deviņi

dziewięć

10

desmit

dziesięć

11

vienpadsmit

jedenaście

12
divpadsmit

dwanaście

13
trīspadsmit

trzynaście

14
četrpadsmit

czternaście

15
piecpadsmit

piętnaście

16
sešpadsmit

szesnaście

17
septiņpadsmit

siedemnaście

18
astoņpadsmit

osiemnaście

19
deviņpadsmit

dziewiętnaście

20
divdesmit

dwadzieścia

100
simts

sto

1.000
tūkstotis

tysiąc

1.000.000
miljons

milion

anglu

Angielski

amerikāņu anglu

Angielski amerykański

ķīniešu mandarīnu valoda

Chiński mandaryński

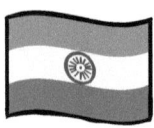

hindi

Hindi

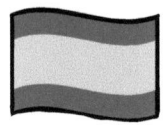

spāņu

Hiszpański

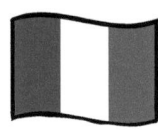

franču

Francuski

arābu

Arabski

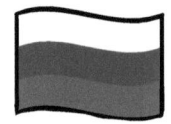

krievu

Rosyjski

portugāļu

Portugalski

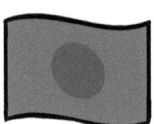

bengāļu

Bengalski

vācu

Niemiecki

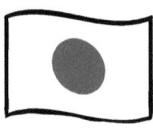

japāņu

Japoński

es
ja

tu
ty

viņš / viņa
on / ona / ono

mēs
my

jūs
wy

viņi / viņas
oni

kas?
kto?

ko?
co?

kā?
jak?

kur?
gdzie?

kad?
kiedy?

vārds
Nazwisko

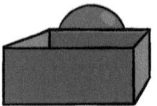

aiz

za

iekšā

w

priekšā

przed

virs

powyżej

uz

na

zem

pod

blakus

obok

starp

między

vieta

Miejsce